Impressum
Verlag: BABADADA GmbH, Nedderfeld 112 , 22529 Hamburg
Geschäftsführer / Verlagsleitung: Harald Hof
Druck: Books on Demand GmbH, In de Tarpen 42, 22848 Norderstedt

Imprint
Publisher: BABADADA GmbH, Nedderfeld 112 , 22529 Hamburg, Germany
Managing Director / Publishing direction: Harald Hof
Print: Books on Demand GmbH, In de Tarpen 42, 22848 Norderstedt

سکول

school

کلاس روم
classroom
تقسیم
divide
186/2
بورڈ
board
سکول نا میدان
استاد
teacher
کاغذ
paper
لکھنا
write
قلم
pen
میز
desk
سکیل
ruler
کتاب
book
شاگرد
pupil

جزدان

satchel

پینسل دا ڈبہ

pencil case

پینسل

pencil

پینسل شارپنر

pencil sharpener

ربر

rubber

ڈرائنگ پیڈ

drawing pad

ڈرائنگ

drawing

پینٹ برش

paintbrush

پینٹ باکس

paint box

قینچی

scissors

گلو

glue

مشقی کتاب

exercise book

گھر دا کم

homework

12

عدد

number

2+2

جمع

add

5-2

تفریق

subtract

2×2

ضرب

multiply

کیلکولیٹ

calculate

A

خطرہ

letter

ABCDEFG
HIJKLMN
OPQRSTU
VWXYZ

حروف تہجی

alphabet

لفظ

word

متن

....

text

پڑھنا

....

read

چاک

....

chalk

سبق

....

lesson

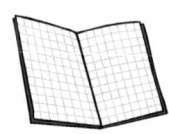

رجسٹر

....

register

امتحان

....

exam

سند

....

certificate

سکول نی وردی

....

school uniform

تعلیم

....

education

انسائیکلوپیڈیا

....

encyclopedia

یونیورسٹی

....

university

مائیکرو سکوپ

....

microscope

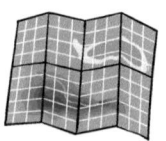

نقشہ

....

map

کچرے نا ڈبہ

....

waste-paper basket

سفر

travel

بوٹل
hotel
باسٹل
hostel
EXCHANGE
ایکسچینج دفتر
bureau de change
سوٹ کیس
suitcase
کار
car

بولی

language

ہاں /نئیں

yes / no

ٹھیک ہے

Okay

اسلام و علیکم

hello

ترجمان

translator

شکریہ

Thank you

ایہہ کنے نے ؟

how much is…?

می سمجھ نئیں رلی

I do not understand

مسئلہ

problem

اسلام و علیکم

Good evening!

اسلام و علیکم

Good morning!

اللہ حافظ

Good night!

اللہ نے حوالے

bye bye

سمت

direction

سامان

luggage

بیگ

bag

بیک پیک

backpack

مہمان

guest

کمرہ

room

سلیپنگ بیگ

sleeping bag

خیمہ

tent

سیاح لئی معلومات

tourist information

ساحل سمندر

beach

کریڈٹ کارڈ

credit card

ناشتہ

breakfast

دوپہر نا کھانا

lunch

رات نا کھانا

dinner

ٹکٹ

ticket

لفٹ

lift

مہر

stamp

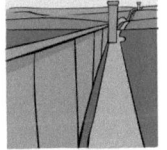

بارڈر

border

کسٹمز

customs

ایمبیسی

embassy

ویزا

visa

پاسپورٹ

passport

ٹرانسپورٹ

transport

جہاز
aeroplane
پانی آلا جہاز
ship
فائر انجن
fire engine
بس
bus
ٹرک
truck
موٹر بوٹ
motorboat
بائیک
bike
کار
car

فیری

ferry

کشتی

boat

موٹر بائیک

motorbike

پولیس کار

police car

ریسنگ کار

racing car

کرایہ نی گڈ

rental car

کار شئیرنگ

....

car sharing

بریک ڈاؤن ٹرک

....

breakdown truck

ریفیوز ٹرک

....

refuse truck

موٹر

....

motor

فیول

....

fuel

پٹرول سٹیشن

....

petrol station

ٹریفک سائن

....

traffic sign

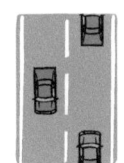

ٹریفک

....

traffic

ٹریفک جام

....

traffic jam

کار پارک

....

car park

ریل سٹیشن

....

train station

ٹریکس

....

tracks

ریل

....

train

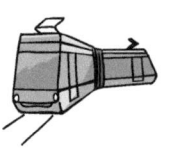

ٹرام

....

tram

کیرج

....

carriage

ہیلی کاپٹر

helicopter

ائر پورٹ

airport

مینار

tower

مسافر

passenger

کنٹینر

container

کاٹن

carton

چھکڑا

cart

بالٹی

basket

اڑنا / لہنا

take off / land

شہر

city

پنڈ

village

سٹی سینٹر

city centre

کھار

house

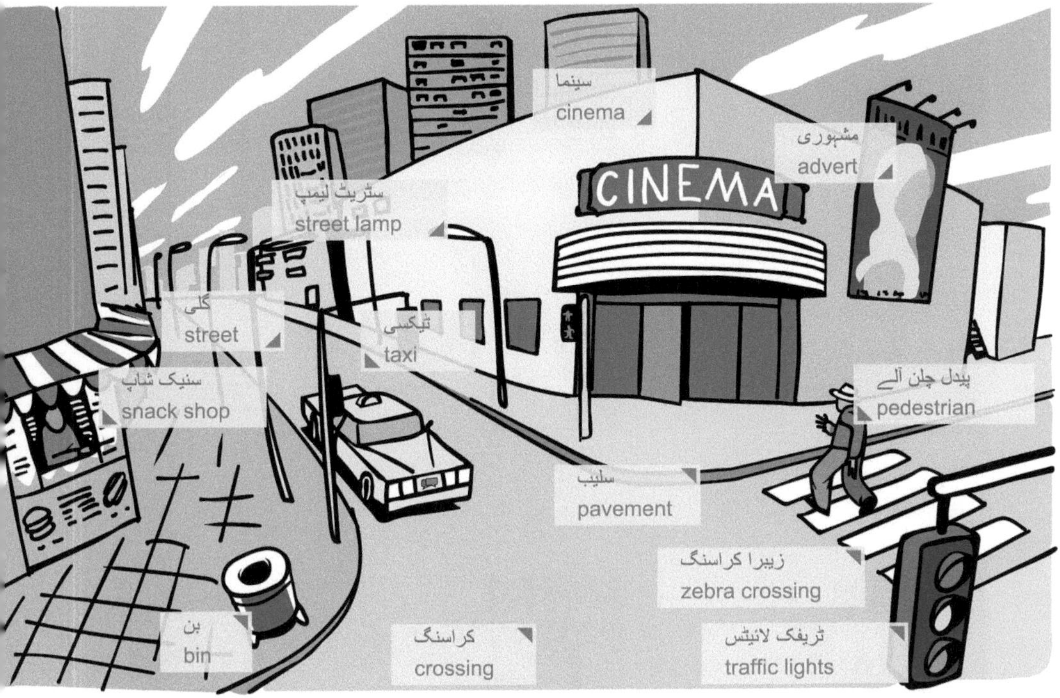

سینما
cinema
CINEMA
مشہوری
advert
سٹریٹ لیمپ
street lamp
گلی
street
ٹیکسی
taxi
سنیک شاپ
snack shop
پیدل چلن آلے
pedestrian
سلیب
pavement
زیبرا کراسنگ
zebra crossing
بن
bin
کراسنگ
crossing
ٹریفک لائیٹس
traffic lights

ہٹ

hut

فلیٹ

flat

ریل سٹیشن

train station

ٹاؤن ہال

town hall

میوزئیم

museum

سکول

school

یونیورسٹی

university

بنک

bank

ہسپتال

hospital

ہوٹل

hotel

فارمیسی

pharmacy

دفتر

office

کتب خانہ

book shop

ہٹی

shop

پھلاں الے

florist's

سپر مارکیٹ

supermarket

بازار

market

ڈیپارٹمنٹ سٹور

department store

مچھیرے

fishmonger's

شاپنگ سینٹر

shopping centre

بندرگاہ

harbour

پارک

park

بنچ

bench

پل

bridge

سیڑھیاں

stairs

انڈر گراؤنڈ

underground

ٹنل

tunnel

بس سٹاپ

bus stop

بار

bar

ریسٹورنٹ

restaurant

پوسٹ بکس

postbox

سٹریٹ سائن

street sign

پارکنگ میٹر

parking meter

چڑیا کھار

zoo

سوئمنگ پول

swimming pool

مسجد

mosque

فارم
....
farm

آلودگی
....
pollution

قبرستان
....
graveyard

چرچ
....
church

پلے گراؤنڈ
....
playground

مندر
....
temple

منظر

landscape

پتہ
leaf

سائن پوسٹ
signpost

راہ
way

سر سبز میدان
meadow

پتھر
stone

درخت
tree

ہائیکر
hiker

دریا
river

کاہ
grass

پھل
flower

وادی

valley

پہاڑی

hill

نہر

lake

جنگل

forest

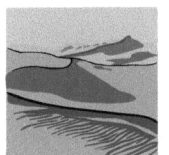

صحرا

desert

آتش فشاں

volcano

قلعہ

castle

رین بو

rainbow

کھمبی

mushroom

پام ٹری

palm tree

مچھر

mosquito

مکھی

fly

چیونٹا

ant

مکھی

bee

مکڑی

spider

منظر - landscape   15

بھونرا

beetle

مینڈک

frog

گلہری

squirrel

سیہہ

hedgehog

ساھیا

hare

الو

owl

پرندہ

bird

راج ہنس

swan

نر سور

boar

ہرن

deer

بارہ سنگا

moose

ڈیم

dam

ونڈ ٹربائن

wind turbine

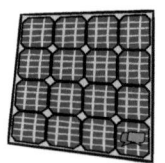

شمسی توانائی دا پینل

solar panel

آب و ہوا

climate

ریسٹورنٹ

restaurant

ویٹر
waiter
مینیو
menu
کرسی
chair
سوپ
soup
پیزا
pizza
پھانڈے
cutlery
میز نا کپڑا
tablecloth

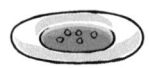

سٹارٹر

starter

مین کورس

main course

ڈیزرٹ

dessert

مشروب

drinks

کھانا

food

بوتل

bottle

فاست فوڈ

fast food

سٹریٹ فوڈ

street food

ٹی پاٹ

teapot

شوگر بول

sugar bowl

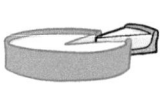

پورشن

portion

اسپریسو مشین

espresso machine

ہائی چئیر

high chair

بل

bill

ٹرے

tray

چھری

knife

کنڈا

fork

چمچ

spoon

ٹی سپون

teaspoon

تولیہ

serviette

گلاس

glass

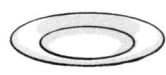

پلیٹ

....

plate

سوپ پلیٹ

....

soup plate

ساسر

....

saucer

چٹنی

....

sauce

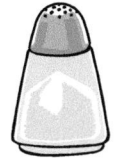

نمک دانی

....

salt pot

پیپر مل

....

pepper mill

سرکہ

....

vinegar

تیل

....

oil

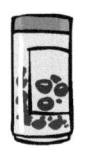

مصالحہ

....

spices

کیچپ

....

ketchup

سرہینوں

....

mustard

مینیز

....

mayonnaise

سپر مارکیٹ

supermarket

سپیشل آفر
special offer
FOR
گاہک
customer
ڈیری
dairy
fruit
ٹرالی
trolley

قصائی

butcher´s

بیکرز

baker´s

وزن

weigh

سبزیاں

vegetables

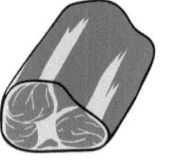

گوشت

meat

فروزن فوڈ

frozen food

کولڈ گوشت

cold meat

ٹن فوڈ

tinned food

واشگ پوڈر

washing powder

مٹھائی

sweets

کھار دیاں چیزاں

household products

صفائی آلی چیزاں

cleaning products

سیل مین

salesperson

ٹل

till

کیشئیر

cashier

شاپنگ لسٹ

shopping list

کھلن دا ویلا

opening hours

پرس

wallet

کریڈٹ کارڈ

credit card

بیگ

bag

پلاسٹک بیگ

plastic bag

مشروب
drinks

پانی

water

جوس

juice

ددھ

milk

کوک

coke

شراب

wine

شراب

beer

شراب

alcohol

کوکا

cocoa

چا

tea

کافی

coffee

اسپریسو

espresso

کیپچینو

cappuccino

کھانا

food

کیلا

banana

سیب

apple

موسمبی

orange

تربوز

melon

نیمبو

lemon

گاجر

carrot

لہسن

garlic

بانس

bamboo

پیاز

onion

کھمبی

mushroom

میوے

nuts

نوڈلز

noodles

سپیگیٹی

spaghetti

چاول

rice

سلاد

salad

چپس

chips

تلے ہوئے آلو

fried potatoes

پیزا

pizza

ہیم برگر

hamburger

سینڈوچ

sandwich

تکے

cutlet

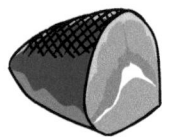

ہیم

ham

سلامی

salami

ساسج

sausage

مرغی

chicken

بھنیا ہویا

roast

مچھی

fish

جو نا دلیہ

porridge oats

مولی

muesli

کارن فلیکس

cornflakes

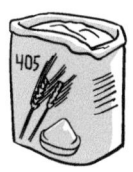

آٹا

flour

کرائسنٹ

croissant

بریڈ رول

bread roll

روٹی

bread

ٹوسٹ

toast

بسکٹ

biscuits

مکھن

butter

دہی

curd

کیک

cake

انڈا

egg

تلیا انڈا

fried egg

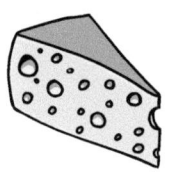

پنیر

cheese

آئس کریم

ice cream

چینی

sugar

شہد

honey

جام

jam

چاکلیٹ سپریڈ

chocolate spread

سالن

curry

فارم

farm

farmhouse
گودام
barn
ونڈا
straw bale
field
گھوڑا
horse
ٹرالی
trailer
ٹریکٹر
tractor
بچھیرا
foal
کھوتا
donkey
بھیڈ
sheep
بھیڑ
lamb

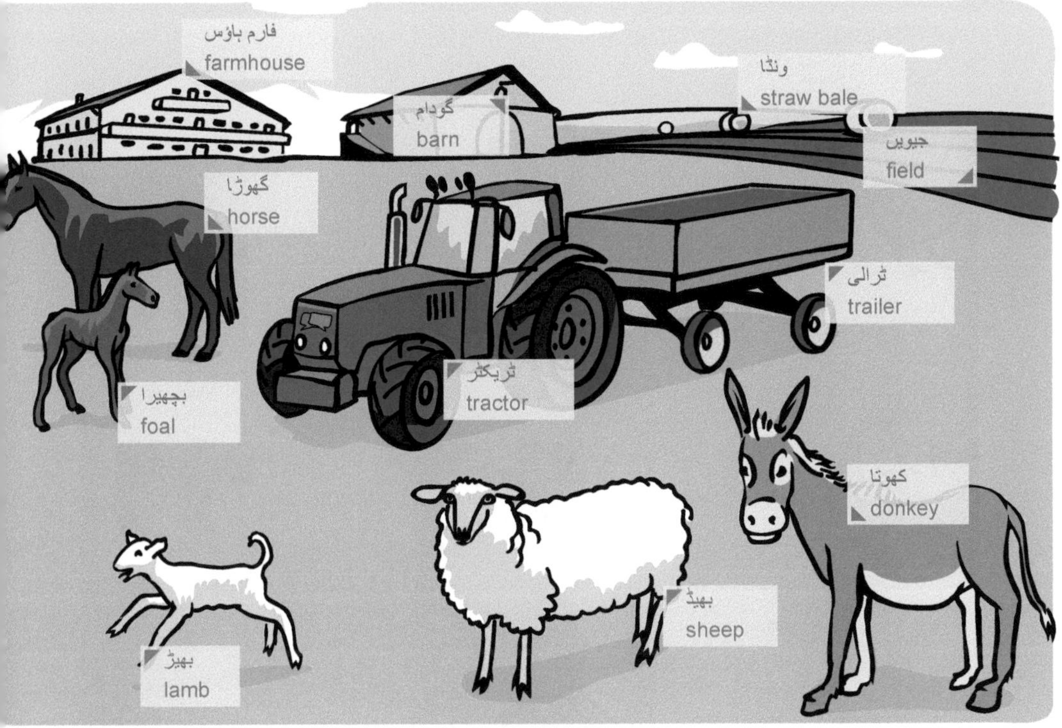

بکری

goat

گاں

cow

بچھڑا

calf

سور

pig

پگ لیٹ

piglet

بیل

bull

بطخ

goose

بطخ

duck

چوزہ

chick

مرغی

hen

مرغا

cock

چوہا

rat

بلی

cat

چوہا

mouse

بیل

ox

کتا

dog

کتے نا کھار

doghouse

لان نا پائپ

garden hose

پانی نا ڈبی

watering can

درانتی

scythe

ہل

plough

درانتی

sickle

ہو

hoe

ترنگل

pitchfork

کوہاڑی

axe

ریڑھی

wheelbarrow

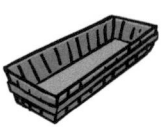

ڈونگا

trough

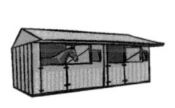

ددھ نا ڈبہ

milk can

بورا

sack

باڑ

fence

اصطبل

stable

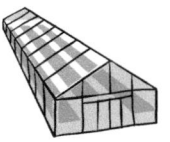

گرین ہاؤس

greenhouse

مٹی

soil

بیج

seed

کھاد

fertilizer

کمبائن ہارویسٹر

combine harvester

فصل

harvest

فصل

harvest

یامز

yams

کنک

wheat

سویا

soy

آلو

potato

مکئی

corn

تلی

rapeseed

پهلدار درخت

fruit tree

کاساوا

cassava

اناج

cereals

کھار

house

چمنی
chimney
چھت
roof
نالی
drainpipe
کھڑکی
window
گیراج
garage
دروازے نی گھنٹی
doorbell
دروازہ
door
کچرا دان
rubbish bin
لیٹر باکس
letterbox
باغ
garden

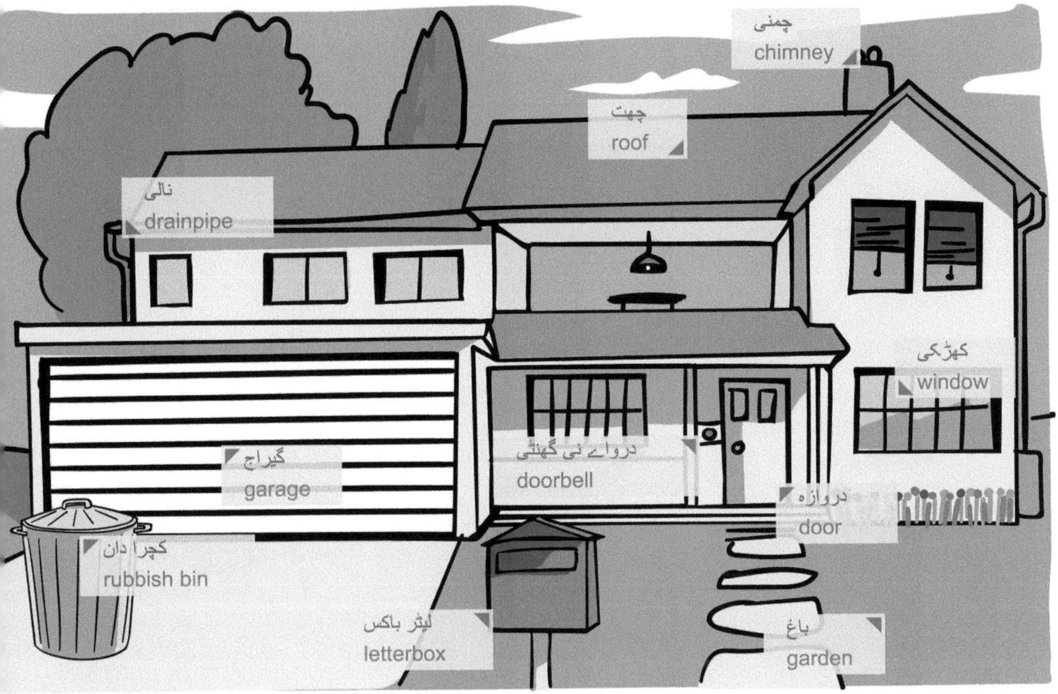

لونگ روم
....
living room

باتھ روم
....
bathroom

باورچہ خانہ
....
kitchen

بیڈروم
....
bedroom

بچیاں نا کمرہ
....
child's room

ڈائننگ روم
....
dining room

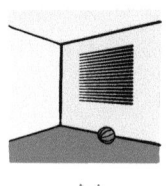

فرش

floor

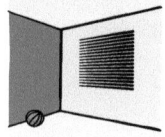

دیوار

wall

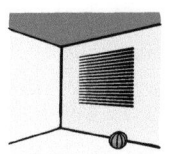

چھت

ceiling

سلہا

cellar

سوانا

sauna

بالکنی

balcony

ٹیرس

terrace

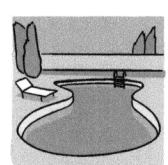

پول

pool

لان موور

lawn mower

شیٹ

sheet

بیڈ سپریڈ

bedspread

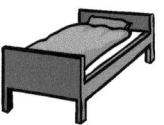

بیڈ

bed

جھاڑو

broom

بالٹی

bucket

سوئچ

switch

لونگ روم
living room

وال پیپر
wallpaper
تصویر
picture
لیمپ
lamp
شیلف
shelf
الماری
cupboard
ٹیلیویژن
television
آگ دان
fireplace
پھل
flower
کشن
cushion
صوفہ
sofa
گلدان
vase
ریموٹ کنٹرول
remote control

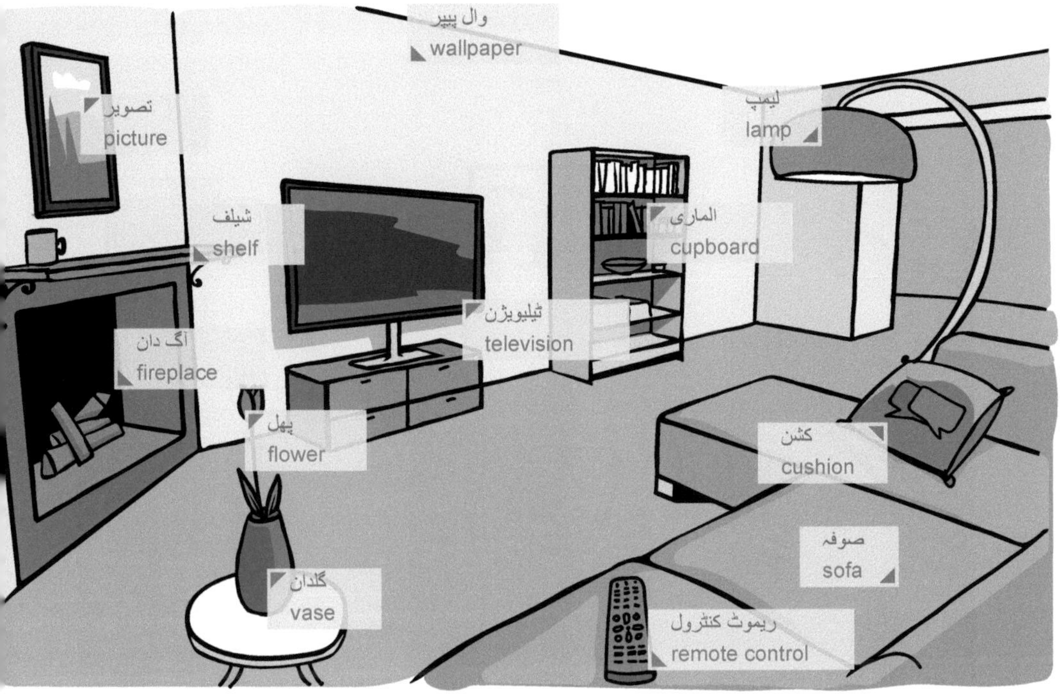

قالین

carpet

پردے

curtain

میز

table

کرسی

chair

راکنگ چئیر

rocking chair

آرم چئیر

armchair

کتاب

book

کمبل

blanket

ڈیکوریشن

decoration

کولے

firewood

فلم

film

ہائی فائی آلات

hi-fi equipment

چابی

key

اخبار

newspaper

پینٹنگ

painting

پوسٹر

poster

ریڈیو

radio

نوٹ پیڈ

notepad

ہوور

hoover

کیکٹس

cactus

موم بتی

candle

باورچہ خانہ
kitchen

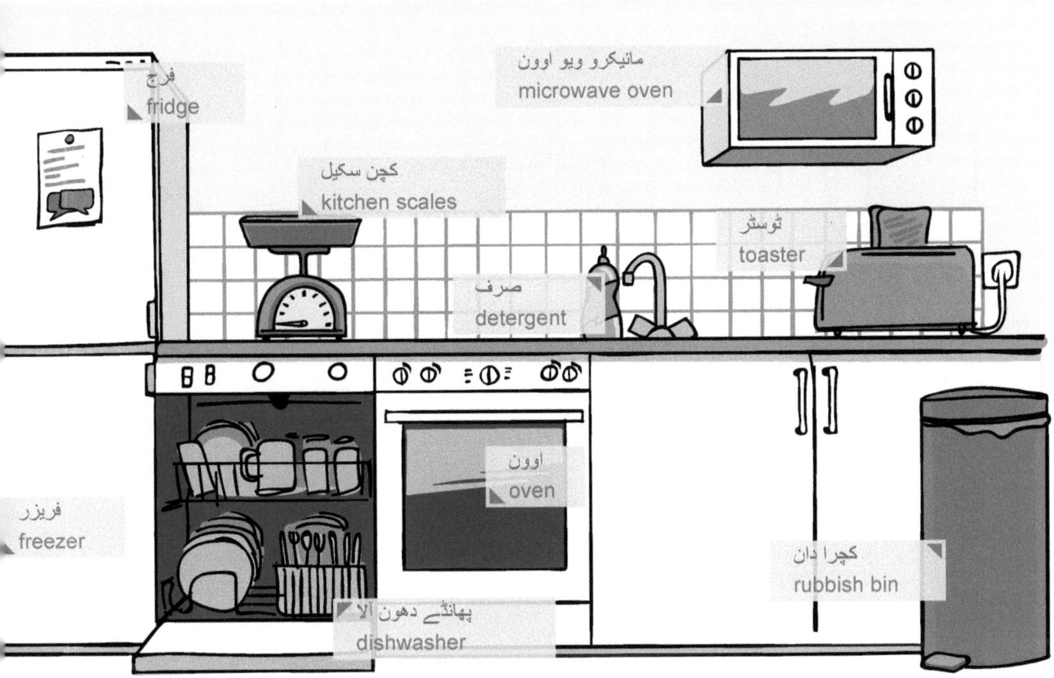
فرج
fridge
مائیکرو ویو اوون
microwave oven
کچن سکیل
kitchen scales
ٹوسٹر
toaster
صرف
detergent
اوون
oven
فریزر
freezer
کچرا دان
rubbish bin
پھانڈے دھون آلا
dishwasher

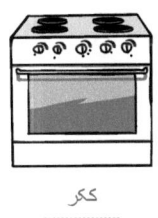

ککر

cooker

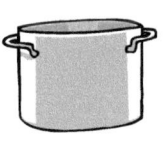

پاٹ

pot

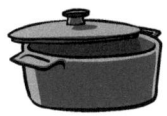

کاسٹ آئرن پاٹ

cast-iron pot

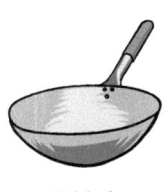

ووک / کدائی

wok / kadai

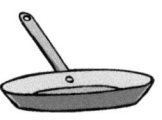

پین

pan

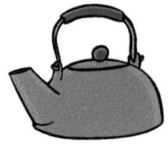

کیتلی

kettle

سٹیمر

steamer

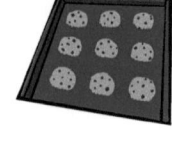

بیکنگ ٹرے

baking tray

پھانڈے

crockery

مگا

mug

پیالہ

bowl

چوپ سٹکس

chopsticks

کرچھل

ladle

اسپالی

spatula

پھینٹن آلا

whisk

چھننا

strainer

چھننی

sieve

جھاواں

grater

کھان پکان آلا چمچہ

mortar

باربی کیو

barbecue

چولھا

open fire

کٹنگ بورڈ

chopping board

رولنگ پن

rolling pin

کارک سکرو

corkscrew

کین

can

کین کھولن آلا

can opener

پاٹ پگڑن آلا

pot holder

سنک

sink

برش

brush

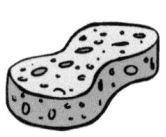

سپنج

sponge

بلینڈر

blender

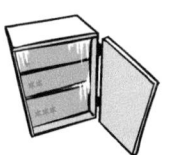

ڈیپ فریزر

deep freezer

بچے نی بوتل

baby bottle

ٹوٹی

tap

بېتنگ
heating

شاور
shower

توليه
towel

شاور کرتن
shower curtain

بېل باته
bubble bath

نبان آلا ئب
bathtub

گلاس
glass

واشنگ مشين
washing machine

ثانل
tiles

ٹوئی
tap

پاخانه
potty

سنک
sink

ٹوائلٹ
toilet

ٹوائلٹ
squat toilet

بڈّت
bidet

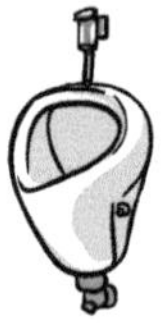

پیشاب
urinal

ٹوائلٹ پیپر
toilet paper

ٹوائلٹ برش
toilet brush

ٹوتھ برش

toothbrush

ٹوتھ پیسٹ

toothpaste

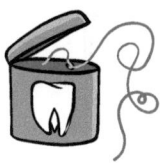

ڈینٹل فلاس

dental floss

دھونا

wash

ہتھ وچ پھڑن آلا شاور

handheld shower

شاور

douche

بیسن

basin

بیک برش

back brush

صابن

soap

شاور جیل

shower gel

شیمپو

shampoo

فلالین

flannel

نالی

drain

کریم

cream

ڈیوڈرنٹ

deodorant

آئینہ

mirror

ہتھ آلا شیشہ

hand mirror

استرا

razor

شیونگ فوم

shaving foam

آفٹر سیو

aftershave

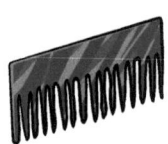

کنگھا

comb

برش

brush

ہئیر ڈرائر

hair dryer

ہئیر سپرے

hairspray

میک اپ

makeup

لپ سٹک

lipstick

ناخن نی وارنش

nail varnish

کاٹن وول

cotton wool

ناخن کتر

nail scissors

پرفیوم

perfume

واش بیگ

washbag

پاخانہ

stool

وزن دا پیمانہ

weighing scale

باتھ نی الماری

bathrobe

ربر نے دستانہ

rubber gloves

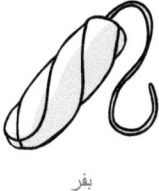

بفر

tampon

تولیہ سٹینڈ

sanitary towel

کیمیکل ٹوائلٹ

chemical toilet

بچیاں نا کمرہ
child's room

الارم کلاک
alarm clock
کھڈونے
cuddly toy
کھڈونا گڈی
toy car
rattle
تحفہ
present

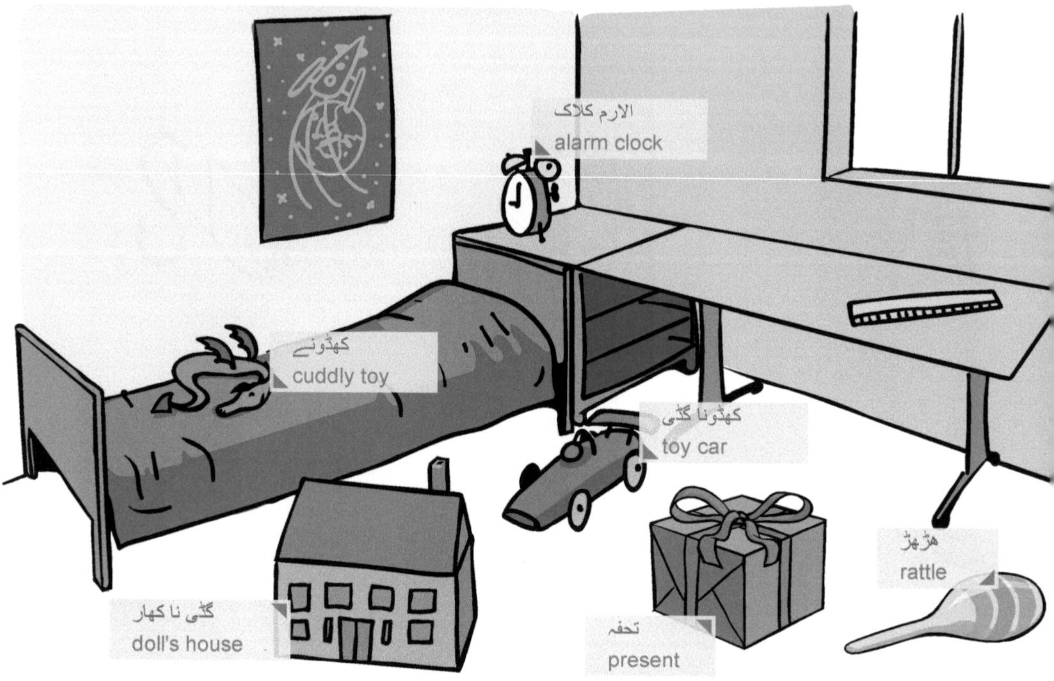

پھکانا
balloon

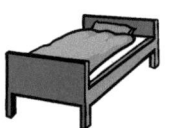

بیڈ
bed

پرام
pram

تاش نے پتے
deck of cards

جگ سا
jigsaw

کامک
comic

لیگو برکس

lego bricks

بلڈنگ بلاکس

building blocks

کھڈونا

action figure

بے‌بی گرو

babygrow

فرزوی

frisbee

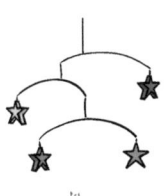

موبائل

mobile

بورڈ گیم

board game

ڈائس

dice

ماڈل ٹرن سیٹ

model train set

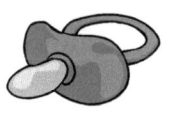

ڈمی

dummy

پارٹی

party

تصویری کتاب

picture book

گیند

ball

گڈی

doll

کھیڈنا

play

سینڈ پٹ

sandpit

جھولا

swing

کھڈونے

toys

ویڈیو گیم کنسول

video game console

ٹرائی سائیکل

tricycle

ٹیڈی بئیر

teddy bear

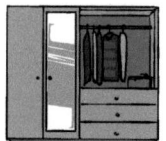

الماری

wardrobe

کپڑے
clothing

جراباں

socks

جراباں

stockings

ٹائٹس

tights

سکارف
scarf

چھتری
umbrella

ٹی شرٹ
t-shirt

بیلٹ
belt

بوٹ
boots

سلیپر
slippers

جوگر
trainers

سینڈل
sandals

جوتی
shoes

ربڑ نے جوتی
rubber boots

انڈر ونیر
underpants

برا
bra

بنیان
vest

جسم

body

پاجامہ

trousers

جینز

jeans

سکرٹ

skirt

برا

blouse

قمیض

shirt

سوئیٹر

pullover

ہوڈی

hoodie

کوٹ

blazer

جیکٹ

jacket

کوٹ

coat

برساتی

raincoat

کاسٹیوم

costume

کپڑے

dress

شادی نا جوڑا

wedding dress

سوٹ

suit

راتے نے کپڑے

nightgown

پاجامہ

pyjamas

ساڑھی

sari

سکارف

headscarf

پگڑی

turban

برقعہ

burqa

کفتان

kaftan

برقعہ

abaya

نہان والے کپڑے

swimsuit

انڈروئیر

trunks

نیکر

shorts

ٹریک سوٹ

tracksuit

دھوتی

apron

دستانے

gloves

بٹن

button

چشمہ

glasses

بریسلیٹ

bracelet

ہار

necklace

انگوٹھی

ring

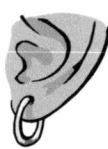

کنڈے

earring

ٹوپی

cap

کوٹ ہینگر

coat hanger

ٹوپی

hat

ٹائی

tie

زپ

zip

ہیلمٹ

helmet

بریسز

braces

سکول نی وردی

school uniform

وردی

uniform

بب

bib

ڈمی

dummy

ناپی

nappy

دفتر

office

سرور
server
فائلاں نے الماری
filing cabinet
پرنٹر
printer
کاغذ
paper
مانیٹر
monitor
ماؤس
mouse
میز
desk
فولڈر
folder
کی بورڈ
keyboard
کرسی
chair
کچرے نا ڈبہ
waste-paper basket
کمپیوٹر
computer

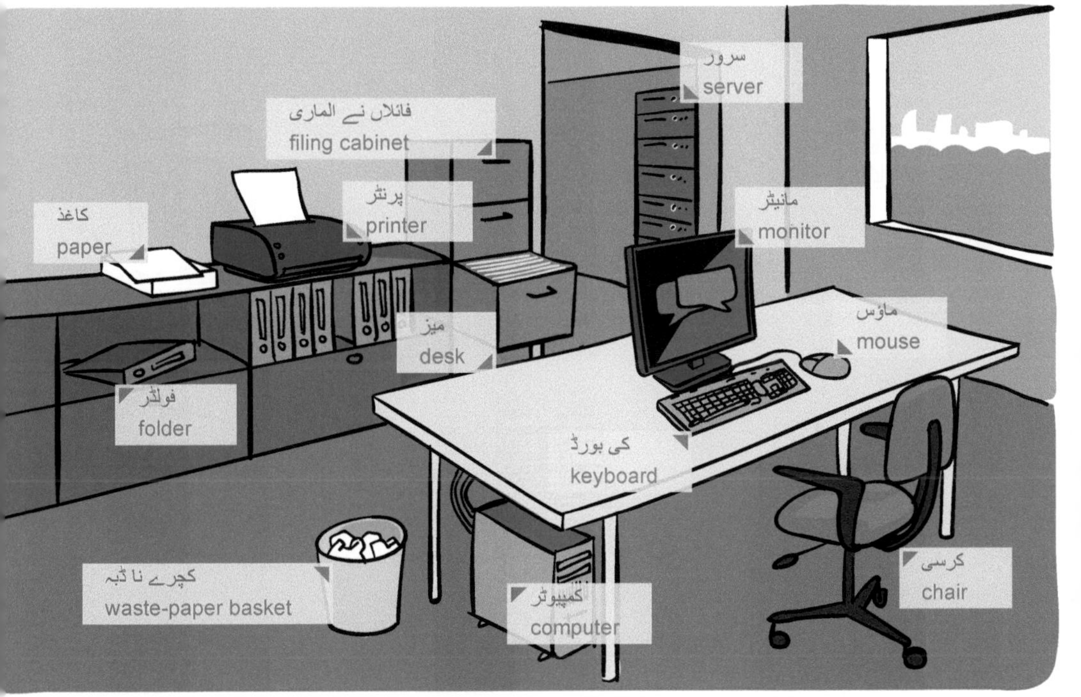

کافی مگ

coffee mug

کیلکولیٹر

calculator

انٹرنیٹ

internet

لیپ ٹاپ

laptop

خط

letter

پیغام

message

موبائل

mobile

نیٹ ورک

network

فوٹو کاپئیر

photocopier

سافٹ وئیر

software

ٹیلیفون

telephone

پلگ ساکٹ

plug socket

فکس مشین

fax machine

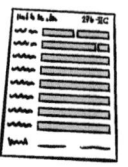

فارم

form

دستاویزات

document

معیشت

economy

خریدنا

buy

ادا کرنا

pay

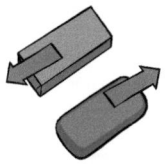

تجارت

trade

پیسہ

money

ڈالر

dollar

یورو

euro

ین

yen

ربل

rouble

سویس فرانک

Swiss franc

رینمینبی یوان

renminbi yuan

روپیہ

rupee

کیش پوائنٹ

cashpoint

ایکسچینج دفتر

bureau de change

سونا

gold

چاندی

silver

تیل

oil

توانائی

energy

قیمت

price

معاہدہ

contract

ٹیکس

tax

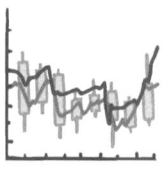

سٹاک

stock

کم

work

ملازم

employee

آجر

employer

فیکٹری

factory

ہٹی

shop

پیشہ
occupations

اگ بجھان آلا
fireman
پلس افسر
police officer
ککّ
cook
ڈاکٹر
doctor
پائلٹ
pilot

مالی

gardener

برھئی

carpenter

درزن

seamstress

جج

judge

کیمسٹ

chemist

ایکٹر

actor

بس ڈرائیور

bus driver

ٹیکسی ڈرائیور

taxi driver

مچھیرا

fisherman

صفائی آلی جنانی

cleaning lady

روفر

roofer

ویٹر

waiter

شکاری

hunter

پینٹر

painter

بیکری آلا

baker

الیکٹریشن

electrician

تعمیرات آلا

builder

انجینئیر

engineer

قصائی

butcher

پلمبر

plumber

پوسٹ مین

postman

سپاہی

soldier

آرکیٹیکٹ

architect

کیشئیر

cashier

پھلاں آلا

florist

نائی

hairdresser

کنڈکٹر

conductor

مکینک

mechanic

کپتان

captain

دندان ساز

dentist

سائنس دان

scientist

ربائی

rabbi

امام

imam

راہب

monk

انگریز

clergyman

ٹولز
tools

پلائر
pliers
ہتھوڑا
hammer
سکریو ڈرائیور
screwdriver
ٹارچ
torch
سپینر
spanner

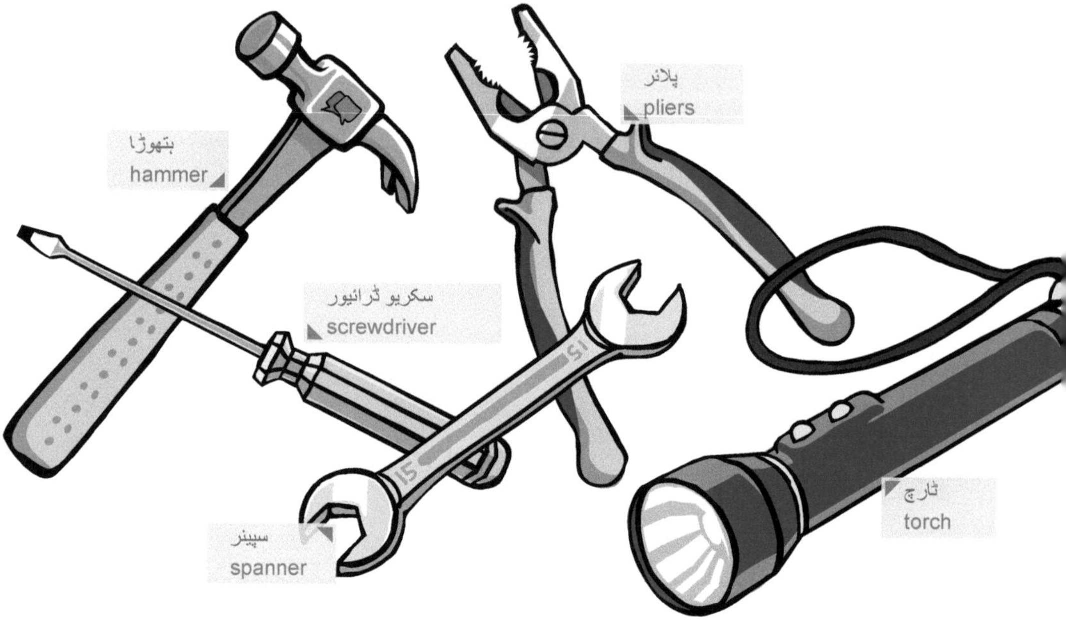

پھاوڑا

digger

ٹول باکس

toolbox

سیڑھی

ladder

آری

saw

کیل

nails

ڈرل

drill

مرمت

repair

شاول

shovel

لعنت!

Damn!

ڈسٹ پین

dustpan

پینٹ پاٹ

paint pot

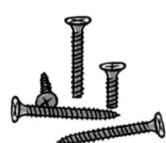

سکریوز

screws

موسیقی نے آلات

musical instruments

لاؤڈ سپیکر
loudspeaker
ڈرم کٹ
drum kit
گٹار
guitar
ڈبل بیس
double bass
نرسنگے
trumpet

پیانو

piano

وائلن

violin

بیس

bass

ٹمپانی

timpani

ڈرمز

drums

کی بورڈ

keyboard

سیگزو فون

saxophone

بانسری

flute

مائکروفون

microphone

چیتا
tiger

داخلہ
entrance

پنجرہ
cage

زیبرا
zebra

جانوراں دا کھانا
animal feed

پانڈا
panda

جانور

animals

ہاتھی

elephant

کینگرو

kangaroo

گینڈا

rhino

گوریلا

gorilla

ریچھ

bear

اونٹ

camel

شترمرغ

ostrich

شیر

lion

باندر

monkey

فلیمنگو

flamingo

طوطا

parrot

برفانی ریچھ

polar bear

پینگوئین

penguin

شارک

shark

مور

peacock

سپ

snake

مگرمچھ

crocodile

چڑیا گھر دا رکھوالا

zookeeper

سیل

seal

جیگوار

jaguar

پونی

pony

لیپرڈ

leopard

ہپو

hippo

زرافہ

giraffe

چیل

eagle

نر سور

boar

مچھی

fish

کیچھوا

turtle

والرس

walrus

لومبڑ

fox

گیزل

gazelle

کھیڈنا

sports

امریکن فٹابل
American football
سائکلنگ
cycling
ٹینس
tennis
باسکٹ بال
basketball
سوئیمنگ
swimming
باکسنگ
boxing
آئس ہاکی
ice hockey

فٹبال

football

بیڈ منٹن

badminton

ایتھلیٹکس

athletics

ہینڈ بال

handball

سکیینگ

skiing

پولو

polo

بنسنا
laugh

چھال مارنا
jump

چھپی پانا
hug

چلنا
walk

گانا گانا
sing

خواب
dream

دعا
pray

بوسہ
kiss

لکھنا
write

لیک لانا
draw

وکھانا
show

دھکا
push

دینا
give

لینا
take

ہے وے

have

کرنا

do

ہو

be

کھلونا

stand

دوڑنا

run

چیھکنا

pull

سٹنا

throw

ٹھینا

fall

جھوٹ

lie

انتظار

wait

چکنا

carry

بیھنا

sit

کپڑے پانا

get dressed

سونا

sleep

جاگنا

wake up

ویکھنا

look at

رونا/چلانا

cry

سٹروک

stroke

کنگھا

comb

گل کرنا

talk

سمجھنا

understand

پوچھنا/دسنا

ask

سننا

listen

پینا

drink

کھانا

eat

تیار ہونا

tidy up

محبت

love

پکانا

cook

گڈی چلانا

drive

اڈنا

fly

سمندری سفر

sail

کیلکولیٹ

calculate

پڑھنا

read

سیکھنا

learn

کم

work

شادی

marry

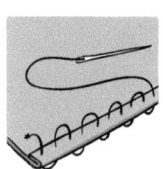

سیونا

sew

دند صاف

brush teeth

قتل

kill

دھواں

smoke

بھیجنا

send

کنبہ
family

دادی
grandmother
دادا
grandfather
پیو
father
mother
بچہ
baby
دھی
daughter
پتر
son

مہمان

guest

ماسی / پھو

aunt

چاچا/ماما

uncle

بھرا

brother

بہن

sister

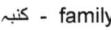

جسم

body

متھا
forehead
eye
منڈھے
shoulder
انگلی
finger
منه
face
ٹھوڑی
chin
hand
چھاتی
breast
لت
leg
بانه
arm

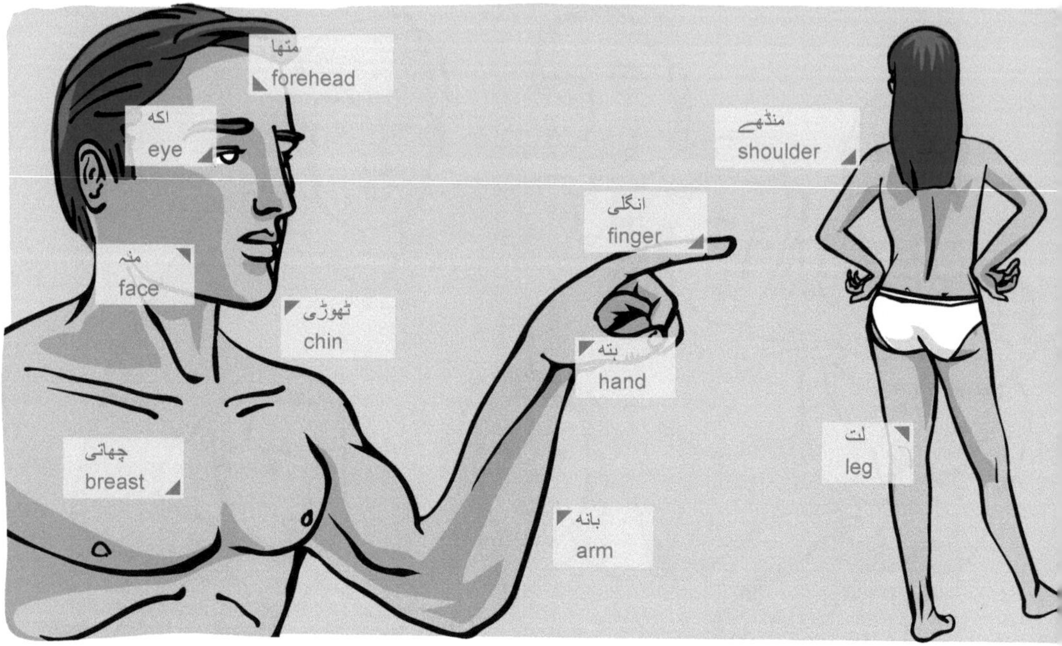

بچه

baby

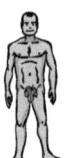

بنده

man

جنانی

woman

کڑی

girl

مڑا

boy

سر

head

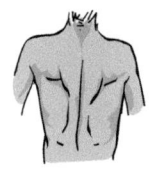

کمر

back

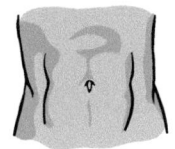

ٹھڈ

belly

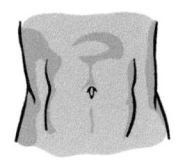

تھنی

belly button

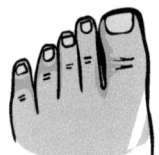

پنجہ

toe

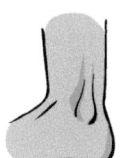

اڈی

heel

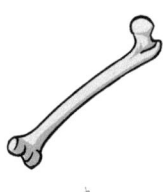

ہڈہ

bone

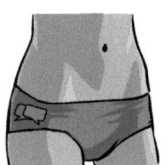

کولہے

hip

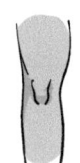

گوڈے

knee

کہنی

elbow

نک

nose

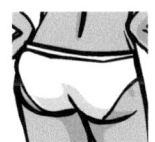

زیر جامہ

bottom

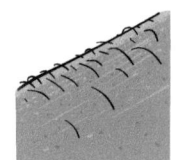

کھل

skin

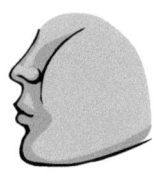

گلاں

cheek

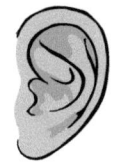

کن

ear

بل

lip

منہ

mouth

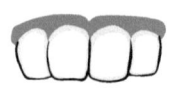

دند

tooth

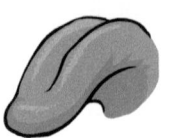

زبان

tongue

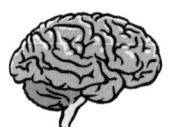

دماغ

brain

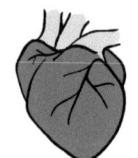

دل

heart

پٹھے

muscle

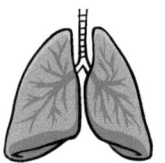

پھیپڑے

lung

جگر

liver

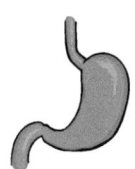

ٹھڈ

stomach

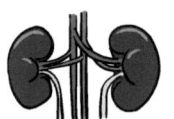

گردے

kidneys

جنس

sex

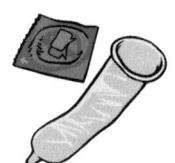

کنڈم

condom

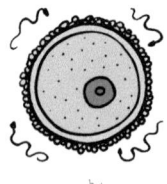

انڈے

ovum

منی

semen

حمل

pregnancy

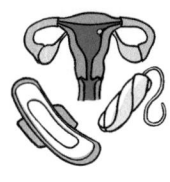

حیض

menstruation

اندام نهانی

vagina

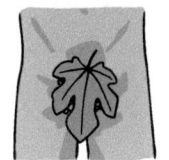

عضو تناسل

penis

بهوں

eyebrow

بال

hair

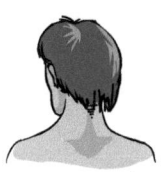

گردن

neck

ہسپتال

hospital

ایمبولنس
ambulance
وھیل چئیر
wheelchair
فریکچر
fracture

ڈاکٹر

doctor

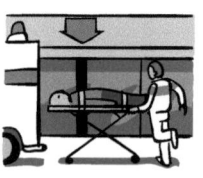

ہنگامی کمرہ

emergency room

نرس

nurse

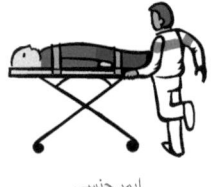

ایمرجنسی

emergency

بے ہوش

unconscious

درد

pain

سٹ
....
injury

خون نکلنا
....
bleeding

دل نا دورہ
....
heart attack

فالج
....
stroke

الرجی
....
allergy

کھنگ
....
cough

تپ
....
fever

نزلہ
....
flu

اسہال
....
diarrhoea

سر درد
....
headache

کینسر
....
cancer

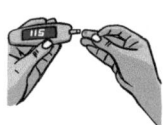

شوگر(ذیابطس)
....
diabetes

سرجن
....
surgeon

سکیلپیل
....
scalpel

آپریشن
....
operation

سی ٹی

CT

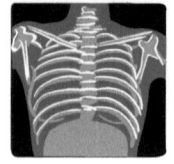

ایکسرے

x-ray

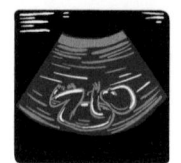

الٹرا ساؤنڈ

ultrasound

چہرہ نا ماسک

face mask

بماری

disease

انتظار گاہ

waiting room

بیساکھی

crutch

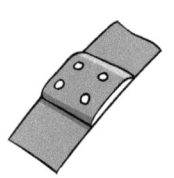

پلستر

plaster

پٹی

bandage

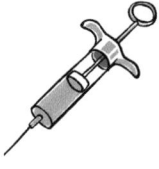

ٹیکہ

injection

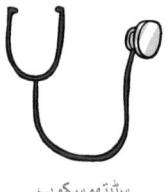

سٹیتھوسکوپ

stethoscope

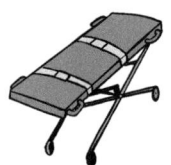

اسٹریچر

stretcher

کلینکل تھرمومیٹر

clinical thermometer

پیدائش

birth

زائدالوزن

overweight

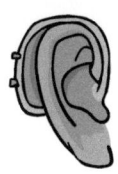

سنن لئی آلہ

hearing aid

جراثیمم کش

disinfectant

متعدی مرض

infection

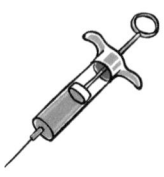

وائرس

virus

HIV/AIDS

HIV / AIDS

دوائی

medicine

ویکسینیشن

vaccination

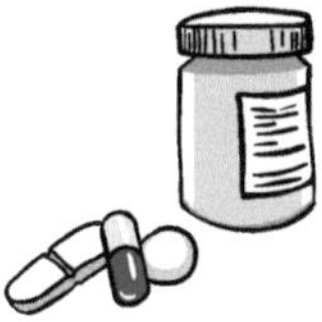

گولیاں

tablets

گولی

pill

ہنگامی کال

emergency call

بلڈ پریشر مانیٹر

blood pressure monitor

بیمار / صحتمند

ill / healthy

emergency

مدد!

Help!

الارم

alarm

حملہ

assault

حملہ

attack

خطرہ

danger

ہنگامی اخراج

emergency exit

آگ!

Fire!

آگ بجھانے والا آلہ

fire extinguisher

حادثہ

accident

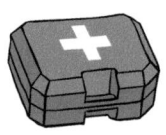

فرسٹ ایڈ کٹ

first-aid kit

SOS

SOS

پلس

police

زمین

Earth

یورپ

Europe

شمالی امریکہ

North America

جنوبی امریکہ

South America

افریقہ

Africa

ایشیاء

Asia

آسٹریلیا

Australia

اٹلانٹک

Atlantic

پیسیفک

Pacific

بحیرہ ہند

Indian Ocean

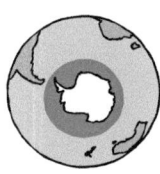

بھیرہ انٹارکٹک

Antarctic Ocean

بھیرہ آرکٹیک

Arctic Ocean

قطب شمالی

North Pole

قطب جنوبی

South Pole

انتارکتیکا

Antarctica

زمین

Earth

خشکی

land

سمندر

sea

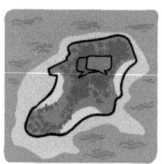

جزیره

island

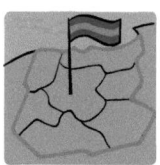

قوم

nation

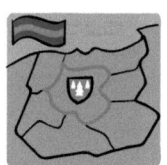

ریاست

state

گھڑی

clock

کلاک فیس

clock face

نکی سوئی

hour hand

وڈی سوئی

minute hand

سیکنڈ ہینڈ

second hand

کی ٹائم ہویا اے؟

What time is it?

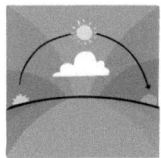

دن

day

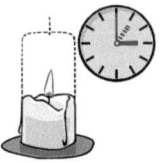

وقت

time

ہون

now

ڈیجیٹل گھڑی

digital watch

منٹ

minute

گھنٹہ

hour

سوموار
Monday

MO

بدھ وار
Wednesday

W

جمعہ
Friday

FR

TU

TH

ہفتہ
Saturday

SA

SO

منگل وار
Tuesday

جمعرات
Thursday

اتوار
Sunday

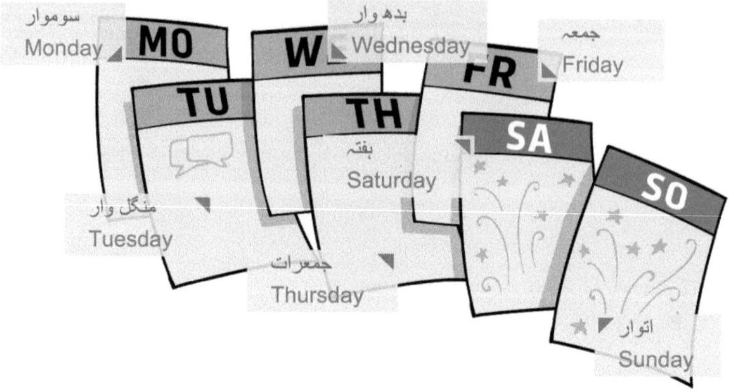

کل
....
yesterday

اج
....
today

کل
....
tomorrow

سویر
....
morning

دوپہر
....
noon

شام
....
evening

MO	TU	WE	TH	FR	SA	SU
1	2	3	4	5	6	7
8	9	10	11	12	13	14
15	16	17	18	19	20	21
22	23	24	25	26	27	28
29	30	31	1	2	3	4

کاروباری دن
....
business days

MO	TU	WE	TH	FR	SA	SU
1	2	3	4	5	6	7
8	9	10	11	12	13	14
15	16	17	18	19	20	21
22	23	24	25	26	27	28
29	30	31	1	2	3	4

ویک اینڈ
....
weekend

سال

year

بارش
rain
رین بو
rainbow
ہوا
wind
برف
snow
بہار
spring
گرمی
summer
خزاں
autumn
سردی
winter

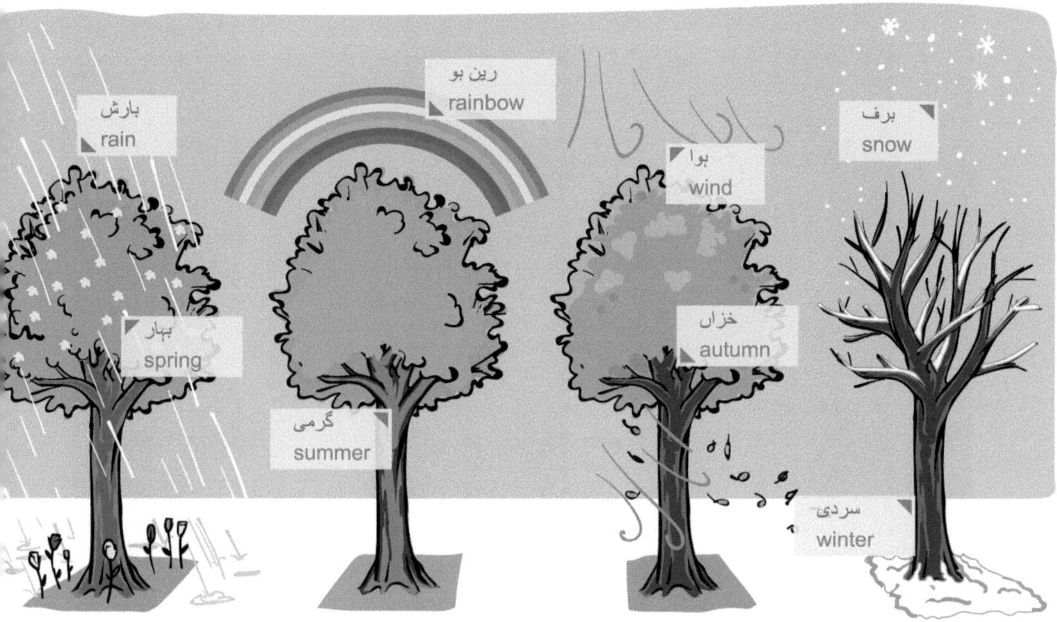

موسمی پیشگوئی

weather forecast

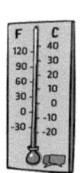

تھرمامیٹر

thermometer

سورج نے چمک

sunshine

بدل

cloud

دھند

fog

نمی

humidity

بجلی کڑکنا

lightning

گرج

thunder

نهیری

storm

اولے

hail

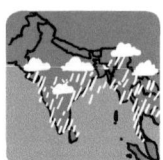

ساون

monsoon

سیلاب

flood

برف

ice

جنوری

January

فروری

February

مارچ

March

اپریل

April

مئی

May

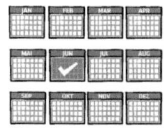

جون

June

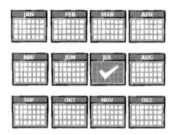

جولائی

July

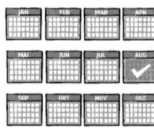

اگست

August

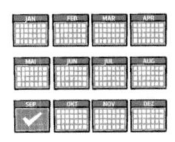

ستمبر
....
September

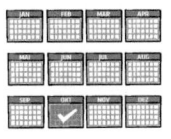

اکتوبر
....
October

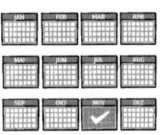

نومبر
....
November

دسمبر
....
December

شکلاں

shapes

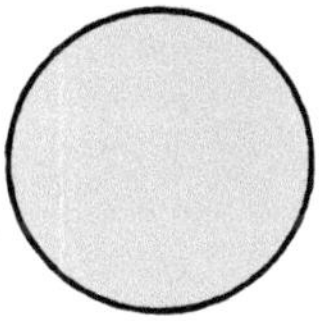

گول
....
circle

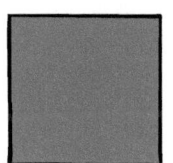

چوکور
....
square

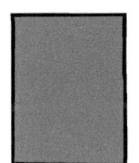

مستطیل
....
rectangle

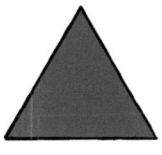

مثلث
....
triangle

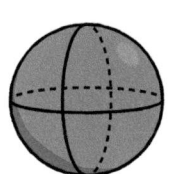

دائرہ نما
....
sphere

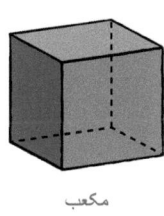

مکعب
....
cube

رنگ

colours

چٹا

white

پیلا

yellow

نارنجی

orange

گلابی

pink

رتا

red

جامنی

purple

نیلا

blue

ہرا

green

کتھئی

brown

سرمئی

grey

کالا

black

مخالف

opposites

زیادہ / گھٹ

a lot / a little

ناراض / پرسکون

angry / calm

خوبصورت / بدصورت

beautiful / ugly

ابتداء / اختتام

beginning / end

وڈّا / نکا

big / small

روشن / نھیرا

bright / dark

بھرا / بہن

brother / sister

صاف / گندا

clean / dirty

مکمل / نا مکمل

complete / incomplete

دن / رات

day / night

مردہ / اندہ

dead / alive

چوڑا / تنگ

wide / narrow

خوردنی / ناقابل خوردنی

edible / inedible

پھیڑا / چنگا

evil / kind

خوش / ناخوش

excited / bored

موٹا / پتلا

fat / thin

پہلا / آخری

first / last

دوست / دشمن

friend / enemy

بھریا / خالی

full / empty

سخت / نرم

hard / soft

بھاری / ہلکا

heavy / light

بھوک / پیاس

hunger / thirst

بیمار / صحتمند

ill / healthy

قانونی / غیر قانونی

illegal / legal

ذہین / بیوقوف

intelligent / stupid

کھبا / سجا

left / right

کولے / دور

near / far

نواں / پرانا

new / used

کجھ نئیں / سب کجھ

nothing / something

بڈھا / جوان

old / young

کھولنا / بند کرنا

on / off

کھولنا / بند کرنا

open / closed

خاموشی / شور

quiet / loud

امیر / غریب

rich / poor

درست / غلط

right / wrong

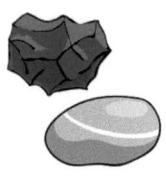

کھردرا / ہموار

rough / smooth

افسردہ / خوش

sad / happy

نکا / لما

short / long

آہستہ / تیز

slow / fast

گیلا / خشک

wet / dry

گرم / ٹھنڈا

warm / cool

جنگ / امن

war / peace

اعداد

numbers

0	1	2
صفر	اک	دو
zero	one	two
3	4	5
تن	چار	پنج
three	four	five
6	7	8
چه	ست	اٹھ
six	seven	eight
9	10	11
نو	دس	یاراں
nine	ten	eleven

12

بارال

twelve

13

تیراں

thirteen

14

چودا

fourteen

15

پندره

fifteen

16

سولہ

sixteen

17

ستاراں

seventeen

18

اٹھاراں

eighteen

19

انیہ

nineteen

20

وی

twenty

100

سو

hundred

1.000

ہزار

thousand

1.000.000

ملین

million

بولی

languages

انگریزی

English

امریکی انگریزی

American English

چینی مینڈیرین

Chinese Mandarin

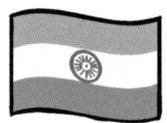

ہندی

Hindi

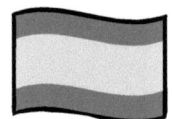

سپینش

Spanish

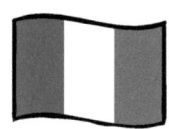

فرینچ

French

عربی

Arabic

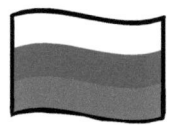

رشئین

Russian

پرتگالی

Portuguese

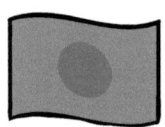

بنگالی

Bengali

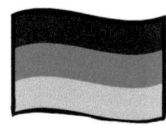

جرمن

German

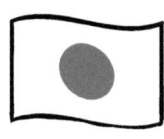

جاپانی

Japanese

کون/ کی / کیویں

who / what / how

میں

I

توں

you

وہ/وہ/ایہہ

he / she / it

اسیں

we

توں

you

او

they

کون؟

who?

کی؟

what?

کیویں؟

how?

کتھے؟

where?

کدوں؟

when?

ناں

name

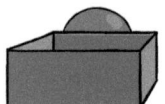

کتھے
where

پچھے

behind

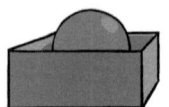

وچ

in

نے سامنے

in front of

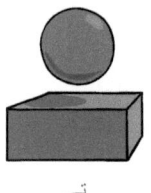

تے

over

تے

on

ہیٹھ

under

سوا

beside

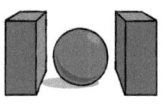

مابین

between

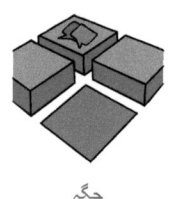

جگہ

place